DE LA FRANCE

AU 5 SEPTEMBRE 1816 ;

DE LA FRANCE

AU 5 NOVEMBRE 1817.

De l'imprimerie de Vᶜ H. PERRONNEAU, quai des
Augustins, nᵒ. 39.

DE LA FRANCE

AU 5 SEPTEMBRE 1816;

DE LA FRANCE

AU 5 NOVEMBRE 1817.

Amor patriæ ratione valentior omni.

Ovide.

PARIS,

Chez { H. VAUQUELIN, libraire, quai des Augustins, n° 11.
MONGIE, libraire, boulevard Poissonnière.
DELAUNAY, au Palais-Royal.

1817.

DE LA FRANCE

AU 5 SEPTEMBRE 1816;

DE LA FRANCE

AU 5 NOVEMBRE 1817.

———

L'histoire du peuple français offre peu d'époques plus intéressantes que celle du 5 septembre 1816 ; elle ne présente non plus aucuns résultats plus décisifs, plus heureux que celui qui a couronné cette mesure si éminemment salutaire.

Pour bien se pénétrer de tout le prix de ce nouveau bienfait dû à son auguste et vénéré Monarque, la nation française n'a besoin que de se retracer l'état où elle était lorsque le père de la patrie fit un si noble usage de la prérogative royale.

Une année s'était à peine écoulée depuis la catastrophe de l'usurpateur, et le retour, cette fois éternel, des enfans de S. Louis. Les armées de l'Europe réunie couvraient le sol si long-temps vierge de cette France naguère si redoutée, et rendaient avec usure les vexations que, dans l'ivresse de la victoire, les Français n'avaient pas épargnées à leur patrie.

Des mesures de rigueur justifiées cette fois, et uniquement peut-être, par la morale et par la politique, avaient dû atteindre quelques coupables; et quoique la clémence du Monarque offensé eût restreint la liste fatale à des hommes qui ne pouvaient être pardonnés, l'inquiétude, même de ceux qui n'avaient point été frappés, mais que de trop justes craintes poursuivaient, pouvait devenir la source de nouvelles calamités pour la patrie.

Une armée nationale, égarée par de trop brillans souvenirs, abandonnée de chefs qu'elle ne pouvait plus estimer, trahie par la fortune dans les champs de la Belgique, était plus irritée que consternée de ses revers. Cette armée éminemment française, à l'instant même où la main de son souverain légitime dut la frapper, se soumit avec une noble dignité, et présenta cette obéissance comme le premier gage de son repentir et d'un dévouement désormais sans bornes au petit-fils du grand Henri.

La fortune publique, les ressources de l'état étaient nulles ; le gouvernement n'existait que par des mesures précaires, et des emprunts forcés toujours mal remplis, parce qu'aucune sanction législative n'avait légitimé leur existence. Les fonds publics étaient au-dessous de 52. Telle était la situation de la France au mois d'août 1815, au moment où le Roi forma son second ministère, et convoqua les Chambres.

Le nouveau ministère et les Chambres étaient appelés à parcourir une carrière qui, pour eux, n'avait pas d'antécédens. Il s'agissait d'établir, de fixer enfin cette ligne constitutionnelle, tracée par le législateur heureusement vivant encore, et qui, seul dans sa sagesse infinie, pouvait juger des modifications que nécessiteraient passagèrement les circonstances difficiles dans lesquelles on existait. Ce travail suffisait pour occuper les méditations du cabinet et des Chambres : l'existence de la patrie et du trône légitime en dépendaient ; mais cependant une mesure plus pressante encore absorbait la pensée paternelle du Monarque.

Il s'agissait de délivrer son peuple du fléau de l'étranger ; cet étranger, énorgueilli par des succès qu'il n'avait osé espérer, élevait maintenant ses prétentions à la hauteur de ses disgrâces passées et de nos malheurs présens. La paix du monde demandait des sacrifices, la nation française devait seule en supporter l'odieux fardeau. Long-temps le gouvernement résista à la sévère exigence de l'étranger ; mais il fallut enfin céder à l'évidence éminente de malheurs plus grands : le traité du 20 novembre 1815 fut signé......

Débarrassé de cette entrave, le gouvernement put alors examiner sa position particulière et la situation de la patrie. Le ministère, composé d'hommes dont les rapports relatifs dévaient isoler leurs opinions, marchait d'abord d'une manière si incertaine qu'il augmenta le découragement, et parut se livrer à l'impulsion d'un parti, tandis qu'il n'était appelé que pour les comprimer tous, pour assurer la tranquillité publique et fixer sur des bases immuables la légitimité directe dans l'auguste dynastie rendue à la France. Au milieu des ces incertitudes, de ces tâtonnemens politiques, peut-être même de la scission qui existait dans le ministère, il s'élevait dans la Chambre des représentans une opposition d'une nature bien extraordinaire, mais dont le principe caché avait pour arrière-pensée le retour pur et simple à l'état des choses tel qu'il existait en 1789.

Sous le nom sacré du Roi, sous la bannière de la légitimité, on développa d'abord, avec une espèce de retenue, puis enfin plus ouvertement, des principes tout-à-fait destructeurs de l'autorité royale. C'était au nom du Roi qu'on voulait enlever au trône toute son autorité pour la placer dans la Chambre des représentans, dont la majorité factieuse s'assurait modestement une permanence de cinq années, qu'elle eût prolongée ensuite autant qu'elle l'aurait jugé convenable aux intérêts de la faction. Les ministres n'étaient plus que des commis de la Chambre, qu'elle déplaçait d'après les caprices de quelques meneurs. Toutes les branches du gouvernement furent envahies par ces tribuns d'un nouveau genre ; l'armée, les tribunaux, les administrations, furent peuplés de leurs créatures, et le sceptre allait être arraché de la main du Monarque. A l'aide des lois sévères que le ministère avait dû provoquer pour assurer la tranquillité publique, la faction dominante avait voulu recouvrir la France du crêpe funèbre de 1793 ; les échafauds n'étaient pas assez nombreux, les victimes trop rares et pas assez marquantes : c'était en versant le sang français, en inquiétant la propriété, que ces habiles gouvernans prétendaient rétablir la prospérité de la France ! et c'était au nom d'une religion descendue du ciel, si recommandable par sa morale évangélique, si pleine du pardon des injures et de l'amour de son prochain, qu'on voulait justifier la froide atrocité avec laquelle on compromettait l'existence du trône et de la patrie pour reconquérir des intérêts d'amour-propre à jamais réprouvés et perdus.

Le mécontentement général, l'indignation publique, avertirent le gouvernement qu'il était temps d'arrêter la marche impie de cette aristocratie absurde, qui semblait avoir un appui même dans le ministère, dont la marche incertaine et sans couleur fixe autorisait un pareil soupçon et menaçait le gouvernement d'une prochaine dissolution. Dans ces circonstances orageuses, la sagesse consommée du Roi sauva de nouveau la France des plus cruels déchiremens ; le ministère subit un changement qui rallia l'opinion publique, et les Chambres furent ajournées.

Mais, malgré cette espèce de trêve, la situation de la France n'en était pas moins triste ; le découragement, aigri par la malveillance ou des craintes qui n'étaient malheureusement que trop fondées, présageaient de sinistres événemens ; et déjà les scènes de Grenoble, l'intempérie des saisons et son influence sur les récoltes, menaçaient la patrie du plus horrible des fléaux. L'ordonnance du 5 septembre paraît : l'espoir, la tranquillité renaissent ; le crédit public se remontre enfin appuyé sur la confiance, et le Monarque bienfaisant peut lire sur le front de ses sujets la vive reconnaissance et tout l'amour que lui valut cet acte immortel de son auguste prérogative.

Telle était la situation de la France en septembre 1816 ; examinons maintenant ce qui a été fait pour l'améliorer dans le courant de l'année qui expire à la même époque du 5 septembre 1817 ; et si la patrie a perdu ou gagné par les changemens qui se sont opérés, et par les mesures adoptées par le gouvernement pendant cet intervalle.

Dès l'ouverture des Chambres, on put facilement prévoir que le ministère aurait de grands efforts à faire pour surmonter les difficultés dont il était entouré. Sous le prétexte toujours banal du bien public, chaque parti, chaque membre d'un parti proposait ses plans et ses projets comme les seuls qui pussent sauver la patrie ; et chaque membre arrivait dans la Chambre en y apportant une opinion toute faite, qu'aucun argument, que la conviction même ne pouvait changer, ni affaiblir.

Des projets de lois de la plus haute

importance furent livrés à la méditation
et à l'examen des comités nommés par la
Chambre ; le temps consacré à ces travaux
préparatoires fut noblement employé par
le gouvernement ; au milieu des crises et
des agitations qui nous déchiraient , il
avait eu l'heureuse conception de l'établis-
sement d'un crédit public ; et fort de la
confiance qu'il avait inspiré à la nation
et à l'étranger , malgré le délabrement de
son système financier , et le déficit reconnu
de l'exercice qui allait expirer , il parvint
à obtenir de cette confiance universelle
qu'il avait si bien méritée , de réaliser un
emprunt qu'aucune puissance de l'Europe
n'eût osé tenter dans de pareilles circonstances. L'élévation progressive et conti-
nuelle des fonds publics a résolu, à l'avantage du ministère, un problème politique ,

qui, jusqu'à cette heureuse époque, avait fait le désespoir de nos plus habiles financiers.

C'est à cette même confiance, si honorablement inspirée et si noblement conquise par le gouvernement, que le sol français dut d'être débarrassé du fardeau plus humiliant que dangereux de trente mille étrangers, qu'il nourrissait des privations imposées à ses propres enfans.

Mais la pensée du législateur suprême s'était fixée toute entière sur cette Charte immortelle, dont les développemens devaient mettre le comble à la reconnaissance de son peuple. Elle existait cette Charte, mais voilée par la force impérieuse des orages dont nous avions été battus, et non par la volonté de son auteur.

La composition de la seconde Chambre était la fille d'un gouvernement qui n'existait plus, et n'avait laissé après lui que de douloureux et humilians souvenirs. Le Prince voulut enfin mettre un terme à l'incertitude que la malveillance de toutes les couleurs cherchait à inspirer sur l'existence de ce palladium national, et les ministres présentèrent à la discussion des Chambres un projet de loi qui fût en harmonie avec cette Charte si solennellement consacrée, et qui pût en garantir l'éternelle durée par les principes libéraux sur lesquels elle était basée ; ce projet de loi était le gage certain de la loyauté du gouvernement, il fit le désespoir de ceux que des prétentions aussi ridicules que surannées associaient momentanément à des prétentions plus nouvelles et plus dangereuses peut-être, mais il rallia l'immense majorité de la nation au pied du trône bienfaiteur, et assit les libertés nationales sous les auspices conservateurs de la légitimité.

Il n'est pas de la nature de cet écrit d'entrer dans les détails minutieux de la session qui a fini en 1817. La France et l'Etranger en ont suivi d'un œil inquiet les importans débats; et malgré quelques orages excités par des passions expirantes, l'observateur de sang-froid a dû plus d'une fois se livrer à des sentimens d'admiration.

Le génie de l'histoire appellera un jour à son tribunal impartial et redouté les hommes et les événemens de cet âge. Il fera la part des circonstances; mais il couronnera le Français généreux qui sacrifia ses intérêts au bonheur de la patrie, comme il marquera d'un signe ineffaçable celui qui voulut tout immoler à d'odieux ressentimens et d'inutiles regrets.

Son burin sévère examinera l'action de ce gouvernement, alors si violemment attaqué, et qui ne répondait cependant à ses agresseurs qu'en redoublant d'énergie et de ressources pour calmer les passions et remédier à la funeste inclémence d'une saison qui avait compromis la subsistance du peuple. Il dira que, de toutes les parties du monde connu, il faisait arriver dans nos ports les grains qu'à tout prix il pouvait se procurer dans l'Etranger. Il rappellera que le second fondateur de la nouvelle Tauride, rendu si heureusement à son ancienne patrie, l'alimenta des produits de cette terre si heureuse sous son gouvernement tutélaire, et où sa mémoire est aussi chérie que son absence est regrettée. Digne du nom du grand homme dont il a hérité, le sien arrivera à l'immortalité par des secousses moins violentes, mais accompagné du tribut de l'estime et de la reconnaissance du premier peuple de l'univers. L'histoire redira à nos neveux que ce gouvernement, guidé par le génie du Prince, courut au devant des besoins des provinces ; que des travaux qui pouvaient être ajournés furent repris avec activité, pour donner aux classes malheureuses de la société le travail nécessaire à leur existence, et les arracher à la honte d'avoir recours à la commisération publique. Elle n'oubliera pas non plus que

2

dans ces momens de détresse universelle, où les réclamations armées de l'étranger épuisaient le trésor royal, la pensée de ce gouvernement put encore s'occuper d'améliorer le sort de la classe respectable des pasteurs des campagnes.

Organe de la reconnaissance nationale, l'histoire attachera aux noms des hommes de ce ministère la portion de gloire méritée par des services aussi importans.

Les tribunes des deux Chambres ont été honorées par des talens et de célèbres naufrages ; ces mêmes tribunes ont vu tour à tour des orateurs attaquer des principes que, quelques mois auparavant, ils avaient mis tant d'ardeur à faire adopter ; des lois *d'exception* malheureusement nécessitées par les circonstances, lois dont le gouvernement n'avait

usé qu'avec la plus extrême sobriété ,
furent combattues, furent refusées par
ceux-là mêmes qui, dans la session précédente , les avaient préconisées , et
avaient voulu les élever à un degré auquel
le gouvernement avait dû s'opposer.

Une opposition faible en force numé-
rique, mais tenace et indivisible, comptait
dans ses rangs des talens distingués , et
des vertus égarées ; frappée par l'opinion
publique, cette opposition voulut mettre
en cause, pour sa défense, et les intérêts
du ciel et ceux du trône. Mais le trône
était protégé par les vertus et le génie du
Monarque, et affermi par l'amour et la
reconnaissance de la nation. Les intérêts
du ciel n'avaient besoin d'autre protec-
teur que l'esprit éclairé et religieux du
Prince ; sous ses auspices l'église gallicane

se relevait de ses malheurs : nouvel Esdras, le Monarque seul avait été choisi par le Tout-Puissant pour le rétablissement de son temple.

Si, parmi les talens développés dans la tribune française, il en était beaucoup que d'anciens succès, que de grandes vertus avaient d'avance marqué du sceau de l'estime nationale, l'opinion publique dut également signaler et frapper ceux qui, aveuglés par l'esprit de vertige des partis, prostituaient à cette influence anti-patriotique des talens dont le prince et la patrie attendaient un plus noble usage ; mais l'admiration et la reconnaissance publique trouvèrent d'abondantes compensations dans un champ vierge jusqu'à cette époque dans les annales françaises.

La France, long-temps accoutumée au gouvernement monarchique absolu, avait vu sans doute apparaître de temps à autre de grands hommes à la tête de l'administration ; mais ces génies ordonnaient du fond de leurs cabinets, et n'appelaient point à les juger les sujets du Prince, et encore moins les consultaient : à la chute du trône, les tribunes ne retentirent que des vociférations impies d'une secte destructive ; et si quelque voix éloquente et vertueuse osa s'élever au sein de cette tourmente épouvantable, l'échafaud se hâtait d'imposer un éternel silence. Aux gouvernemens populaires succéda celui d'un homme qui enchaînait jusqu'à la pensée ; il était réservé au retour bienfaisant de l'antique et auguste dynastie de nos princes de rendre à la nation sa liberté première, et au Numa français d'en définir les limites sur des bases jusqu'alors inusitées.

L'inviolabilité auguste dont la Charte entoure le chef de la nation, ne permet à la pensée humaine d'envisager le Monarque que comme la source de tout ce qui est saint, juste et bon : il ne peut faire le mal, il ne saurait errer ; il est l'ame, la pensée, la volonté du gouvernement ; ses ministres ne sont que les exécuteurs , les distributeurs de cette volonté ; mais ces mêmes ministres sont hommes, sont sujets aux passions qui travaillent le corps social, ils peuvent errer, ils peuvent trahir la confiance du Prince : la Charte a dû prévoir ces cas particuliers, et garantir le Prince et la nation des suites de pareilles prévarications. Une responsabilité sévère pèse sur les ministres, indépendamment de celle plus puissante encore peut-être qui résulte des sentimens d'honneur et d'amour-propre qui doivent guider des hommes appelés à une situation aussi élevée.

En rendant à la nation le droit de voter l'impôt et d'en fixer l'application, le législateur s'est placé lui et ses successeurs dans l'heureuse nécessité de ne pouvoir s'entourer que de serviteurs dont les talens et la moralité fussent agréables à son peuple et à ses mandataires. Il ne suffit plus aujourd'hui de la faveur personnelle du Prince pour parvenir à ces emplois éminens, il faut que ceux qui se destinent à cette carrière honorable et orageuse tout à la fois réunissent les talens à la probité ; il faut qu'un ministre du Roi puisse répondre à l'instant à toutes les objections que la malignité de l'opposition peut mettre en usage ; maître de toutes les branches de l'administration publique, il faut que ce ministre puisse donner spontanément aux Chambres les explications demandées, et qu'à toutes ces qualités il réunisse encore les trésors de l'éloquence, et la connaissance du cœur humain.

L'Europe a reconnu avec admiration la profonde sagesse du Monarque dans la composition successive du ministère actuel, et nos éternels rivaux, avec quelque jalousie peut-être, des hommes qui, étrangers aux orages de la tribune, ont débuté dans cette carrière par des succès qui ne sont communément que le résultat d'une expérience longuement étudiée. On a vu les principaux membres de ce ministère, occupés des importantes fonctions de l'administration, ne les quitter que pour venir développer dans le sein des Chambres les vues paternelles du Monarque, et orner la discussion des matières les plus sérieuses de tous les charmes d'une éloquence improvisée.

La tribune française n'a rien à envier à celle que les Pitt, les Burck, les Fox, les Sheridan ont si long-temps fait retentir de la gloire de leurs noms; et au milieu de ses désastres, du sein des tempêtes qui l'agitaient, la France a vu s'élever des enfans généreux qui n'ont pas désespéré du sort de la patrie, et qui, fiers et forts du génie du prince, ont répondu noblement à ses espérances et aux nôtres. La postérité reconnaissante placera leurs noms sous celui du Monarque législateur.

C'est à cette supériorité si évidente de talens réunis dans quelques membres de son gouvernement que la France doit attribuer les égards et la considération que les étrangers ont commencé à lui montrer, par la diminution des charges qui lui étaient imposées : ce premier hommage rendu aux vertus du Monarque et à la sagesse de son administration sont les avant - coureurs d'une délivrance que la fidélité à remplir les engagemens que nous avons contractés envers eux, complétera probablement long - temps avant l'époque qui avait été fixée.

L'hommage qui vient d'être rendu à l'administration du royaume, est le résultat de la conviction la plus intime ; étrangère à tout esprit de parti, repoussant avec dégoût toute idée de flatterie envers le pouvoir, la plume qui a tracé avec tant de complaisance le bien qui a été fait, tracerait d'une manière aussi impartiale les abus, dont la fortune publique fut frappée dans ces premiers momens de confusion, où le Souverain et ses ministres, obsédés par d'innombrables réclamations, eurent plus d'égards pour les solliciteurs que pour les titres qu'ils mettaient en avant. La session dernière a déjà commencé de sonder cette plaie si profonde de la fortune publique; celle qui va s'ouvrir achevera, de concert avec les ministres, de rétablir cet équilibre de justice sans lequel un gouvernement ne saurait long-temps exister. Il est peut-être encore quelques ombres qui obscurcissent le tableau que nous avons ébauché; mais ces ombres tenaient aux circonstances et aux hommes du moment, à des craintes trop justifiées par le désastreux événement du 20 mars. Le bien qui a été fait dissipe l'obscur de ces ombres, et ne laisse à la pensée que l'espérance et la certitude d'un avenir plus prospère. Les catégories sont disparues avec les proscriptions, et, semblable au père de famille de l'Evangile, l'auguste régénérateur de la nation française reçoit, accueille celui qui n'est arrivé (mais de bonne foi) qu'à la vingt-troisième heure du jour.

En rentrant dans leurs départemens respectifs, à la clôture de la session, les députés ne furent pas cette fois accueillis par des simulacres de triomphes populaires, provoqués par l'esprit de faction qui voulait en imposer à la multitude par

ces dehors trompeurs ; mais la reconnaissance publique ceignit leurs fronts de
l'auréole de la félicité commune dont ils
venaient de poser les premières bases ; ils
durent préparer leurs concitoyens au
noble usage de l'exercice du droit sacré
de choisir leurs mandataires ; ils durent
prouver que cette Charte, si éminemment
populaire, n'était plus une abstraction
métaphysique, et que le Prince qui l'avait
octroyé en voulait la plus scrupuleuse exécution. Trente années de malheurs, de
déchiremens et de beaucoup de gloire,
n'avaient pu assurer au peuple français
le droit de nommer ses députés aux assem-
blées législatives ; il était réservé à la
légitimité seule de nous faire jouir de
ce nouveau bienfait ; et le Monarque qui
l'accorda, repoussa loin de sa pensée les

pronostic, les présages funestes dont une opposition anti-nationale menaçait cette mesure.

Nous allons examiner, dans le paragraphe suivant, l'effet et les résultats de l'exécution de la loi nouvelle; cet examen amenera naturellement la discussion des avantages que la nation doit espérer de la session qui va s'ouvrir.

L'ajournement des Chambres permit au gouvernement de porter toute son attention, jusqu'alors trop partagée, sur la situation intérieure de la France; l'œil du Prince, mesurant les besoins de chaque département, descendit même dans les détails de ceux des communes, pour leur accorder les secours que reclamait leur souffrante population, et assurer sa subsistance. La culture des végétaux, qui suppléaient à la rareté des céréales, fut encouragée et récompensée par des primes ; rien ne fut oublié pour assurer au peuple les moyens d'attendre la nouvelle récolte.

La loi nouvelle sur les élections devait incessamment subir sa première épreuve ; on allait juger si la nation française était digne des bienfaits d'un gouvernement constitutionnel ; la Charte allait recevoir son exécution pleine et entière sur l'un de ses plus importans articles ; une ordonnance royale devait tracer les formes à suivre dans cette opération aussi neuve qu'importante ; et cette ordonnance fut un nouveau gage de la loyauté du gouvernement qui n'usa de son influence qu'en respectant partout l'opinion publique et l'amour-propre national.

En ouvrant ainsi la carrière de l'ambition populaire, la Charte mettait en jeu toutes les passions, tous les intérêts qui dominent éminemment dans le corps social; et dès l'instant où la loi sur les élections eut reçu la sanction constitutionnelle, ces passions, ces intérêts fermentèrent avec chaleur, et l'ordonnance royale qui convoquait les colléges électoraux fut le signal du développement des combinaisons de tous les partis pour assurer la majorité aux candidats qu'ils destinaient aux honneurs de la tribune nationale.

La profonde vénération que la nation entière portait à la sagesse et aux vertus du Monarque dut donner un grand avantage, dans cette lice orageuse, aux hommes que sa confiance honora en les plaçant à la tête des colléges électoraux; le choix du Prince était d'avance un préjugé favorable, et la justice des électeurs a rendu généralement un éclatant hommage à la désignation royale.

Mais, à la chute de la majorité de 1815, avait succédé un parti, qui, faible et obscur dans son origine, ne s'était montré à la tribune que par quelques éclairs assez rares et par de nombreux pamphlets. Ce parti, dont les chefs avaient appartenu à tous les gouvernemens, à toutes les opinions qui avaient égaré la France depuis vingt - cinq ans, se décorait du nom d'*indépendans* ! Une qualification aussi ambitieuse avait dû éveiller l'attention publique sur des hommes qui, exclusivement à la nation entière, se targuaient d'une qualité qu'il semblait que la Charte avait garanti à chaque citoyen, tandis qu'ils n'en faisaient l'application qu'à eux seuls ; hors de leurs coteries, la France ne comptait que des ilotes.

Ces méthodistes politiques comptaient dans leurs rangs, assez resserrés, quelques écrivains célèbres, et aussi quelques talens : c'était le cadre d'une grande armée ; les généraux , les chefs inférieurs étaient à leurs postes, il ne manquait que des sol-dats. Mais l'opinion publique indépen-dante de tous les partis examinera les nouvelles doctrines de cette secte de per-fectibilité ; on posa d'abord pour principe immuable l'exécution de la Charte. On dit : « Le parti qui se qualifie lui-même d'indépendant demande l'exécution pleine et entière de la Charte. » Il assure que le gouvernement peut exister et marcher d'après le pacte social donné et juré par le Monarque. Les lois d'exceptions que

d'orageuses circonstances avaient tempo-
rairement nécessitées, sont aux yeux de
ces hommes d'état des violations inutiles
qui, loin d'assurer la tranquillité publique,
ne servent qu'à augmenter le mécontentement universel qu'ils assurent charita-
blement exister partout; les événemens et
les faits démentent ces assertions hasar-
dées, et une expérience amère a justifié
des mesures sans lesquelles probablement
la France se verrait condamnée à de cruels
et impuissans regrets.

L'examen des doctrines indépendantes
amène tout naturellement une observation
que les publicistes du jour n'ont point
encore traitée avec toute l'étendue qu'elle
doit mériter. Cette observation tient à
l'existence de la monarchie et au pacte
social qui unit le Monarque à la nation :
LA LÉGITIMITÉ.

La légitimité directe dans la ligne régnante d'une dynastie est la sauve-garde et la garantie de la tranquillité et de la prospérité publique; ce dogme, conservateur des monarchies, s'applique d'une manière plus exacte encore aux formes d'un gouvernement représentatif; la religieuse inviolabilité dont le Monarque est entouré, écarte de sa personne jusqu'à la pensée d'un tort, et fait peser sur ses agens une responsabilité que les mandataires du peuple ne sont que trop portés à provoquer. Cette légitimité garantit également au système représentatif une existence indépendante qui en France n'a jamais pu se trouver sous aucuns des gouvernemens qui se sont succedés et détruits avec tant de rapidité. Ce principe salutaire et sauveur conserve et protège également les droits du prince et les priviléges du peuple, et son association avec le système représentatif est une barrière que nul usurpateur n'oserait tenter de franchir. L'indépendance nationale repose enfin sur la fusion de ce dogme avec les principes du gouvernement représentatif. Le peuple français se ressouviendra avec reconnaissance que c'est à cette antique et première famille (éminemment européenne) des Bourbons, qu'il a dû le retour de ses libertés perdues sous les deux premières races, comme il lui devra de nouveau les glorieux et nobles priviléges d'un gouvernement libéral, calculé cette fois pour le bonheur de tous.

Cette profession de foi politique est le cri de ralliement du peuple français ; quel n'a donc pas dû être son étonnement, lorsque dans les écrits comme dans

les discours des indépendans il a pu re-
marquer l'affectation avec laquelle ils évi-
taient de parler du prince et de la légitimité? En lisant ces ouvrages de mysticité
politique, il semblerait que le gouvernement des nations marche seul et sans l'impulsion tutélaire d'un chef. Les idées d'une
noble indépendance si universellement
répandues dans toutes les classes de la
nation, eussent acquis un nouveau degré
d'intensité et une direction plus juste, si
ces écrivains n'avaient pas affecté par leur
silence de séparer deux principes qui désormais ne peuvent exister que l'un par
l'autre.

Au reste, cette observation quelqu'é-
trange qu'elle paraisse au premier aspect,
n'est véritablement qu'une observation.
Cet oubli peut avoir tenu à des circons-

tances étrangères aux opinions des écrivains qui, partant du principe de l'existance de la Charte émanée uniquement du Monarque, ont dû présumer que du moment où on reconnaissait ce bienfait comme la base du salut de la nation, le nom du bienfaiteur demeurait toujours sous-entendu. Mais dans les circonstances actuelles on ne saurait être trop clairement entendu, et toute équivoque pourrait avoir les suites les plus graves. Dès l'instant où les indépendans auront fait la profession de foi franche et loyale du principe sauveur de la légitimité, les amis de la patrie s'énorgueilliront de compter dans leurs rangs des hommes dont les talens peuvent être si utilement employés à la restauration de la monarchie.

Cette affectation a été remarquée avec

peine, surtout pendant les dernières élections ; là virulence de quelques pamphlets,
les questions intempestives et délicates que
quelques candidats avaient l'air de sou-
mettre à l'examen des électeurs, ressem-
blaient plus à des brandons de discorde
jetés dans le forum , qu'à un appel loyal
à l'estime et au choix de ses concitoyens.

La Charte ne reconnaît qu'une seule
famille dans la nation entière. La carrière
des honneurs , de l'avancement et des
places est ouverte à tous ceux de ses enfans
sans distinction que des talens éminens
font sortir de la foule ; toute ambition
honorable non - seulement est permise ,
mais même encouragée pour le service de
la patrie et du prince. Mais cette patrie ,
ce prince ont le droit de demander un
compte rigoureux de l'emploi de ces

mêmes talens, et l'opinion publique, plus sévère encore, attache sans retour le sceau de la réprobation sur le front de l'ambitieux dont les actions ou les écrits tendraient à replonger la France dans une nouvelle et dernière anarchie.

Dans un gouvernement constitutionnel, le génie, les vertus du Monarque ont besoin encore du concours des deux branches appelées à la confection des lois pour faire le bien que la sagesse du prince a d'avance médité dans ses conseils ; l'une d'elles est essentiellement conservatrice de tout ce qui existe ; ses intérêts particuliers l'attachent au pouvoir suprême dont elle émane, mais dont elle ne dépend plus ; ces mêmes intérêts en apparence, en opposition perpétuelle avec la seconde Chambre, lui font porter un œil observaleur et inquiet sur toutes les mesures qui en ressortent directement. La Chambre des pairs enfin, privée de cette popularité si recherchée, si nécessaire pour paraître avec éclat dans la seconde Chambre, est une barrière éternelle opposée par le législateur aux empiétemens de pouvoir que pourrait tenter la couronne, comme aux usurpations qui seraient dirigées contre la prérogative royale.

Dans un tel état de choses, on sent facilement toute l'importance que les citoyens doivent attacher à la composition de la Chambre des mandataires du peuple. C'est dans cette Chambre que se discutent et s'élaborent les projets présentés par les ministres et que l'assentiment du prince convertit ensuite en lois sur lesquelles doivent reposer les destinées de la France, peut-être même celles du monde civilisé.

Si (chose impossible !) ces mandataires n'étaient point pénétrés de la sainteté de leurs devoirs ; si, foulant aux pieds toute pudeur, ils mettaient leurs passions et de vils et chétifs intérêts en opposition à l'intérêt national ; si, enfans dénaturés d'une patrie déjà trop affligée, ils tournaient contre son sein les armes qui ne leurs avaient été confiées que pour la protéger et la défendre, alors il faudrait s'envelopper dans son manteau, et désespérer de la chose publique.

Mais heureusement ce tableau hypothétique est loin de se réaliser ; la France pourra s'énorgueillir de la réunion prochaine de ses mandataires. La nécessité d'une opposition patriotique et salutaire est avouée et désirée par la nation ; malgré la confiance dont le Gouvernement est environné depuis l'époque de l'ordonnance royale du 5 septembre, beaucoup de lacunes restent à remplir, beaucoup de plaies sont restées sans être pansées, des sacrifices immenses seront demandés encore à ce peuple déjà si cruellement frappé par le bras d'airain de l'adversité. La Chambre aura à se prémunir contre les plaintes exagérées comme contre les préventions d'amour - propre offensées. Avare des dernières ressources de la patrie épuisée, elle portera dans ses délibérations cet esprit d'économie qui seul peut sauver la chose publique en retranchant des dépenses, d'incalculables prétentions qui ne supporteraient pas un examen dont le résultat couvrirait les titulaires d'une honte aussi indélébile que méritée.

Il y aurait autant d'absurdité que de mauvaise foi de prétendre qu'à la seconde restauration, la Charte constitutionnelle pouvait être mise en pleine activité sans qu'il en dût résulter de graves inconvéniens; la catastrophe épouvantable dans laquelle la nation française se trouvait engloutie avait brisé tous les ressorts du Gouvernement. La discorde, les haines publiques et particulières, les accusations, les craintes, les espérances des uns, le désespoir des autres, le conflit de toutes les passions les plus hideuses enfin, laissaient à peine à l'œil du prince la possibilité de reconnaître les élémens primitifs de la société. Il fallut donc dans ces momens si difficiles voiler l'arche sainte, et donner au Gouvernement une force extrà-légale qui pût comprimer tous les genres d'excès ; ce remède eût été couronné du succès le plus prompt, si son application avait été confiée à des mains impartiales et vertueuses. Les choix du prince à cette époque ne furent pas toujours heureux et menacèrent la France d'une nouvelle série de malheurs, que la prévoyance royale mieux éclairée parvint néanmoins à dissiper.

Les améliorations successives que la France éprouve dans sa situation intérieure, ont donné une nouvelle énergie à l'esprit public, et la reconnaissance nationale a entouré le Prince et son Gouvernement d'une force d'autant plus puissante qu'elle est retrempée dans l'amour et la vénération due aux bienfaits de son administration paternelle. Ainsi donc il est permis de prévoir l'époque

prochaine de la suppression de ces tribunaux terribles et sans appel, devant
lesquels l'innocence même la plus robuste
ne pouvait paraître sans dangers et sans
craintes.

Les Chambres ne sauraient perdre de
vue que tout Gouvernement représentatif repose essentiellement sur la liberté
individuelle et sur celle de la presse, sentinelle incorruptible de la première; mais
en ce sens seulement, que les actions et
les écrits n'attentent ni à la tranquillité
de l'ordre politique, ni à l'honneur ou à
la propriété des citoyens. Si les circonstances, nées des orages dont nous étions
battus, ont forcé le Gouvernement de
provoquer des restrictions temporaires à
l'exercice plein et entier de ces droits
désormais imprescriptibles, le principe

n'en reste pas moins dans toute sa force ; et les vœux des véritables amis de la patrie appellent l'heureuse époque où le calme des passions, l'oubli du passé, l'union de tous les Français dans les doctrines de la légitimité et de la Charte, et la fusion des intérêts anciens et nouveaux rendront à la nation française cette unité morale qui, réunie à sa position géographique si heureusement combinée, en feront de nouveau le premier peuple du monde civilisé. Tout en rendant justice à l'impérieuse nécessité qui força le Gouvernement d'avoir recours à des remèdes extrêmes, contre des dangers plus extrêmes encore, il est permis de présumer que les heureux effets qu'il en a recueillis le mettront à portée de proposer d'adoucir, dans ces lois transitoires, tout ce que

l'expérience à laquelle elles ont été sou-
mises a montré d'inutilement oppressif.

Le bien qui a été fait dans la dernière
session , le mal qui a été réparé ou pré-
venu donnent lieu d'espérer à la nation
que celle qui va s'ouvrir sous des auspices
plus favorables encore , et avec des élémens plus nationaux ne produira pas des
résultats moins heureux.

Les circonstances sont singulièrement
améliorées ; l'unité ministérielle donne au
gouvernement toute la force nécessaire
pour administrer dans la ligne de sagesse
tracée par le Monarque. L'opinion publique, non celle de coterie, mais l'expres-
sion de l'immense majorité des proprié-
taires et des diverses branches de l'industrie nationale, soutient par ses vœux, par
ses actions , ce ministère qui aujourd'hui

ne pourrait impunément dévier de la ligne constitutionnelle, et qui heureusement ne saurait en avoir la pensée. Il trouvera, dans les deux Chambres qui concourent avec le Prince à la confection des lois, des juges et des amis pour appuyer et défendre tous les projets que l'amour du bien public et la sagesse du Monarque auront soumis à leur méditation.

Il sortira sans doute des anciens comme des nouveaux élémens dont la chambre des représentans est composée, une opposition toujours nécessaire dans un gouvernement représentatif. Cette opposition, presque toujours impuissante dans ses attaques, est néanmoins la sentinelle qui veille, et dont le cri d'alarme n'est point sans effet; elle en impose au ministre qui voudrait porter atteinte aux priviléges du peuple, comme elle appelle ce même peuple à se tenir sur ses gardes et à se montrer dévoué au maintien de la prérogative du trône.

Tout gouvernement représentatif cesserait d'exister du moment ou une opposition vertueuse n'éleverait plus de barrière aux prétentions du pouvoir absolu, ou à celles des principes démocratiques. Mais la patrie serait humiliée si cette opposition nouvelle devait ressembler à celle qui, dans la session précédente, étonna la tribune par le désaveu des principes que quelques mois auparavant, comme majorité, elle avait proclamés, pour ainsi dire, par acclamation ; cette espèce d'apostasie politique ne put en imposer, et couvrit cette opposition d'un vernis de ridicule qui ne lui laissa d'autre force que celle du nombre et de la ténacité de quelques membres que des espérances déçues et le désapointement de l'amour - propre avaient rendu irrémissibles opposans à toutes mesures qui pouvaient être pro- posées, pour l'avantage du peuple, par un gouvernement qui avait eu l'impardon- nable courage d'oser défendre contre eux la prérogative royale et les libertés natio- nales.

Affaiblie encore par les nouvelles élec- tions, cette opposition cherche, dit-on, des alliés ; elle s'inquiète peu des couleurs ou des principes, c'est au nombre qu'elle s'attache ; et si les rapports qui circulent dans les salons pouvaient mériter quel- que confiance, de quel étonnement ne serait-on pas frappé en apprenant que des hommes, dont trente années d'exil, de fautes et d'infortunes n'avaient pu faire fléchir les principes sans doute exagérés, mais auxquels cette fermeté de caractère avait donné quelque lustre, renoncent tout à coup au mérite si chèrement acquis par une si noble ténacité, pour se rallier aux apôtres des doctrines que la veille même ils proclamaient comme essentiellement destructives des droits sacrés et de l'autel et du trône.

Déchus du rang où les avait placé l'exagération des principes monarchiques, dont ils avaient masqué leurs prétentions secrètes ; précipités de chutes en chutes par un aveuglement d'amour-propre déplorable, ces hommes, si cruellement égarés, se réduiraient d'eux-mêmes au rôle humiliant d'obscures prolétaires sous une bannière qui repousse éternellement

toute concession contraire à ses principes,
et qui peut - être même leur refusera le
honteux honneur d'une pareille coalition !

Si on devait s'en rapporter aux bruits
qui se propagent dans la capitale sur
cette étrange négociation, il paraîtrait
qu'étranger à ces intrigues ténébreuses,
le parti qui s'exagère aussi la possibilité de donner au régime constitutionnel
le développement général de la Charte,
sans y reconnaître les dangers qui en
résulteraient pour le moment, se re-
fuse à toutes démarches, à toutes spécula-
tions qui pourraient attirer de nouveaux
malheurs sur la patrie, en entravant, par
des chicanes dangereuses et inutiles, la
marche du gouvernement. Dans chacun
de ces deux partis extrêmes il peut se
trouver sans doute quelques hommes que

des vues d'ambition portent isolément à regarder la désorganisation de l'ordre existant comme une mine bonne à exploiter à leur profit ; mais ils doivent renfermer ces sentimens honteux dans les replis ténébreux d'une conscience muette , car toute manifestation de principes aussi odieux serait repoussée avec horreur par l'universalité des Français , n'importe la couleur dont on l'aurait couverte.

Repoussons avec mépris ces suppositions au moins exagérées : la session qui va s'ouvrir dissipera ces dernières convulsions des passions expirantes ; le bien public, l'amour du Prince guideront nos mandataires dans la carrière difficile qu'ils sont appelés à parcourir, et la France et l'Europe applaudiront à des résultats qui les intéressent si vivement et de si près.

Cette session est destinée à d'importans et pénibles travaux, car il est difficile de concilier l'intérêt général avec les froissemens particuliers que nécessite cet intérêt du peuple, but essentiel de toute administration juste et paternelle ; mais cette économie sévère, que réclame si impérieusement la situation malheureuse dans laquelle nous nous trouvons, ne deviendra jamais injuste, et les deux Chambres reconnaîtront le principe salutaire qui confie à la sagesse, à la justice du Prince, les moyens d'adoucir les malheurs qui n'ont pas été mérités, et les services dérivés d'une fidélité à toute épreuve, fût-elle même nouvelle !

La rapidité de cette esquisse de notre existence politique pendant treize mois n'a pas permis d'entrer dans des développemens laissés aux méditations des lecteurs ; cet espace de treize mois a produit des événemens que des siècles n'avaient pu enfanter à cette époque , à jamais mémorable , se rattachera la fondation positive du seul gouvernement qui pût arracher la France à la fatalité funeste qui la précipitait vers une ruine inévitable. Honneur immortel au Prince qui , confondant la nation entière dans sa famille , laisse à ses successeurs l'héritage de ses droits , comme de la reconnaissance nationale , inspirée par d'aussi grands bienfaits. Les destinées de la France se présentent sous des auspices trop heureux pour qu'on ne cherche pas à s'appesantir avec quelque complaisance sur de consolantes comparaisons.

Vingt-cinq années de malheurs, de déchiremens intérieurs, de guerres universelles avaient déversé sur la France tous les genres de fléaux, sans détruire néanmoins sa puissance relative, ni sa prospérité intérieure. Au milieu de cette conflagration générale, l'agriculture, l'industrie et tous les arts rivalisèrent d'audace et de succès, et l'épouvantable catastrophe qui termina ce drame extraordinaire put bien momentanément affecter la fortune publique en froissant celle des particuliers, mais quelques années de paix et de tranquilité feront disparaître ce malaise politique; la protection et les encouragemens donnés à l'agriculture et à l'industrie nationale auront bientôt cicatrisé les plaies de l'exigence avide et peu généreuse de l'étranger. L'épée de Brennus ne restera pas toujours dans le plateau de la balance du malheur !

Mais même , dans sa situation actuelle, la France peut-elle envier le sort de ses voisins ? Prenons pour objet de comparaison celles des grandes puissances continentales qui semblent avoir recueilli la succession dont la fortune nous a déshérité , sans pouvoir nous appauvrir.

Les premiers momens du délire d'un succès inespéré sont passés ; que reste-t-il aux puissances continentales qui puisse les indemniser des sacrifices énormes auxquels elles ont été forcées ? La Russie seule a recueilli de cette lutte terrible d'inappréciables avantages ; elle doit à l'invasion de son territoire, à l'incendie de son antique capitale, le développement

des moyens extraordinaires que le génie
de son souverain et l'amour de son peuple
ont porté au plus haut degré d'exaltation ;
elle en a été recompensée par des con-
cessions territoriales qui rendent cette
puissance la première du monde civilisé,
et ne laissent, pour ainsi dire, d'autre garantie à la tranquillité du continent que
le caractère de modération du souverain
qui la gouverne, garantie suffisante pour
le moment, mais bien faible pour l'avenir.

Les puissances qui se partagent l'Allemagne sont loin de présenter une situation aussi prospère que la Russie ; divisées
et refondues par le congrès de Vienne,
ces puissances se composent aujourd'hui
d'élémens étrangers, de peuples, dont les
habitudes, les affections n'ont point été
consultées, et qui ont été comptés et

classés sur le papier comme des objets mobiliers. Cette Allemagne cependant ne s'était levé en masse, à la voix de ses souverains, que sur la promesse solennelle qui avait été donnée à ses enfans, dans le moment du danger, d'une amélioration dans son sort : les efforts généreux des Germains méritaient cette récompense que des intrigues obscures ont fait ajourner. Travaillée sourdement par un mécontentement universel, mûre pour un meilleur état de choses, l'Allemagne est entraînée irrésistiblement vers un changement dans ses institutions féodales, qui ne sont plus en harmonie avec la marche du siècle.

Le gouvernement militaire, fondé sur des armées permanentes, ne saurait long-temps exister dans des pays dont la po-

pulation entière a été appelée à la délivrance de la patrie; et l'intérêt bien calculé des souverains doit les porter à se livrer, à guider même un torrent auquel
ils tenteraient vainement d'opposer une
résistance qui doublerait sa force, et fi-
nirait par les engloutir. Ecrasée, appau-
vrie par tant de sacrifices, la nation alle-
mande, honteuse peut-être même de ses
triomphes si mal récompensés, envie
l'état de cette France naguère l'objet de
sa haine, aujourd'hui celui de son admiration; elle ne peut s'empêcher de cal-
culer les chances épouvantables qui,
malgré toutes les probabilités humaines,
ont amené, après tant de tempêtes et de
naufrages, le peuple français à trouver
dans un Monarque qui devait être aigri
par des malheurs immérités, le fondateur

d'un gouvernement libéral qui , loin de diminer la prérogative royale , la renforce de tous les droits qu'il a reconnus, ou dont il a doté ses enfans.

Le Saxon et le Prussien , le Germain et l'enfant de l'Ausonie , le Batave et le Belge ne consentiront jamais à voir éteindre leurs noms et à renoncer ainsi aux souvenirs vénérés qui leur retracent les vertus de leurs illustres aïeux.

Loin d'avoir acquis une augmentation de puissance réelle , par l'amalgame de tant de peuples étonnés de se voir réunis et confondus , les cabinets , qui ont mis tant d'importance à cette funeste aglomé-ration , n'ont fait que porter une atteinte positive à leur existence politique qui les oblige d'opposer une moitié de popu-lation à l'autre moitié , pour surveiller et pour prévenir une séparation qui , quoi qu'on fasse, n'en arrivera pas moins à une époque plus ou moins prochaine.

Maîtresse du commerce des deux mondes , ceignant le globe de ses bras gigantesques, la Grande-Bretagne semble menacer d'expirer par l'excès de sa prospérité ; mais cette apparence séduisante et trompeuse cache au vulgaire le véritable état de sa situation. Qu'elle serait à plaindre cette nation si enviée et si mal jugée , si sa prospérité nationale se basait en dernière analise sur les malheurs du monde ! Le pavillon britannique commande sans rivalité sur les mers des deux continens , et pèse également sur les puissances territoriales européennes que les circonstances et des besoins impérieux ont fait sortir de leur indépendance conservatrice. Attachées à la fortune de ce peuple-roi, ces puissances ne sont plus que des satellites tournant autour de l'orbe de la planète principale, jusqu'à ce que l'éclipse de ce météore..... Mais n'anticipons pas sur ces événemens; cette puissance mérite seule un travail particulier que nous livrerons un jour aux méditations de nos concitoyens.

Le tableau comparatif qui vient d'être tracé avec autant de vérité que d'impartialité pourrait être surchargé de détails que ne saurait comporter la rapidité d'un aperçu qui ne doit donner que des principes, des faits à méditer.

La France compte une population de près de trente millions d'ames : la richesse de son sol est inépuisable; l'intempérie des saisons peut en affaiblir passagèrement les produits, mais l'année qui succède à une récolte médiocre indemnise des pertes précédentes. Ses manufactures et son industrie suffisent à sa consommation intérieure, et permettent même qu'elle en exporte l'excédant à l'étranger. Sa langue, ses mœurs, ses modes sont devenues le langage, les mœurs, les modes de la grande famille européenne, et sa capitale, dépouillée sans regret de quelques ornemens qui lui étaient étrangers, n'en est pas moins restée la ville par excellence où arrivent, de toutes les parties du monde, les hommes qui recherchent l'instruction ou courent après les plaisirs de la sociabilité.

Cette richesse territoriale et industrielle n'est dans le fait que la partie matérielle de l'importance nationale ; c'est par ses institutions nouvelles, par l'impulsion donnée à l'esprit public, c'est enfin par la fusion de toutes les opinions dans celle de l'amour du prince et de la patrie, que la France reconquerra cette force morale qui lui rendra le haut rang auquel elle est destinée, et qui en fera un jour la gardienne, la protectrice nécessaire de la vieille Europe.

C'est aux efforts généreux d'un gouvernement entouré de l'opinion publique et au concours des Chambres législatives que la patrie devra sa nouvelle régénération ; déjà nous éprouvons les premiers effets de cette consolante espérance qui ne peut plus nous être enlevée ; les passions se calment, et bientôt la France s'énorgueillira de ne plus reconnaître dans ses enfans qu'un sentiment, qu'une opinion, l'amour et la reconnaissance pour

son libérateur, et un attachement religieux pour l'Acte immortel qui lui garantit ses libertés. L'étranger, témoin de ces
heureux résultats, sentira de lui-même qu'il
ne doit pas peser plus long-temps sur un
sol tranquille par les volontés réunies du
Prince et du peuple, mais qui se chan-
gerait rapidement en un volcan inextin-
guible, si la voix vénérée de ce même
Prince réveillait le lion qui n'est qu'as-
soupi ; à cet appel auguste et redoutable,
le trône se verrait environné de six cent
mille braves qui, jeunes encore, mais
vieux dans la carrière des armes, quitte-
raient sans regrets les travaux agricoles et
industriels auxquels ils se livraient, pour
venir effacer, au prix de tout leur sang,
un moment d'erreur dont les suites furent
si déplorables. Cette armée toujours exis-

tante, ne coûtant rien à la patrie, en fait sa force et son orgueil ; le Prince ne compte pas vainement sur son courage et sa fidélité !

La France, nous l'espérons, n'aura jamais besoin de mettre à l'épreuve cette unique et décisive ressource contre l'oppression dont on oserait la menacer. La loyauté française garantit l'exécution fidèle des traités que la main du malheur et celle de la résignation ont forcé d'accepter ; mais cette même loyauté lui donne le droit de penser que l'étranger, rendant hommage à la sagesse de son gouvernement et aux sentimens d'amour et de respect dont le Monarque est entouré, sentira qu'elle est arrivée enfin cette époque, où le sol français doit être rendu à son indépendance naturelle, et où la grande famille européenne ne verra plus dans cette nation que le boulevard de son existence et de ses libertés, si elles venaient jamais à être menacées.

L'auguste Famille dont le nom se confond avec celui de la nation, dont l'origine se perd dans la nuit des temps occupait avec éclat le trône français long-temps avant que la souche d'aucunes des familles aujourd'hui régnantes en Europe fut connue. Fière et riche d'un si noble patrimoine, cette dynastie ne peut être qu'essentiellement protectrice de tout ce qui existe de bon et de juste ; par cela seul qu'étrangère à toute idée d'ambition et d'agrandissement, elle a un intérêt direct à maintenir, à protéger l'égalité politique et relative, qui seule peut assurer la tranquillité de l'ordre social.

Les destinées de la France vont enfin se fixer d'une manière immuable : la session qui s'ouvre est appelée à faire disparaître de l'édifice social les imperfections qui pourraient nuire à la marche de l'administration, en retrempant quelques ressorts peut-être trop relachés, et en ajoutant à d'autres cette élasticité nécessaire qui leur manque. La fortune publique se ressentira des principes d'économie et de justice vivement recommandés par le législateur et si impérieusement voulus par les désastres auxquels nous survivons. La confiance, que le gouvernement a si noblement inspiré à la nation et à l'étranger, fera affluer dans le trésor royal les capitaux que ses besoins réclament, et que les craintes de l'intérieur et la défiance de nos voisins refusaient à la situation trop équivoque dans laquelle on nous voyait flotter.

Oubli du passé, union ! adage heureux, aussi noblement proclamé que mis en action par le Monarque et son auguste famille ! Il effacera jusqu'aux traces de cette discordance d'opinion qui put un moment égarer l'esprit de quelques Français, mais ne fermera jamais leurs cœurs aux sentimens de gratitude dont ils racheteront quelques momens d'égarement. On repoussera avec mépris toute idée, toute prétention, toute couleur qui ne serait pas celle du Prince et de la patrie.

C'est en vain que la plume brillante et romantique d'un noble pair a voulu prendre la défense de la nullité ; cette question est jugée sans retour, et les hommes et les intérêts épurés dans le creuset de la révolution sont le grand levier avec lequel et par lequel tout gouvernement doit administrer sous peine de compromettre son existence.

Aussi vainement encore essayerait-on de nous ramener aux doctrines d'indépendance absolue ; les apôtres de ces doctrines n'y croient pas plus que les nombreuses victimes innocentes ou égarées qui ont à déplorer les excès de cette théorie.

C'est à l'ombre protectrice du trône, défendu par un représentation nationale, que la France devra son salut et sa restauration entière. C'est au génie bienfaisant de son législateur que nous et nos neveux devrons la jouissance de ces droits désormais imprescriptibles que n'avaient pu nous assurer trente années de malheurs et les innombrables essais de novateurs imprudens : tous ces systèmes manquaient de la base essentielle , la légitimité avec un gouvernement représentatif.

Sous cette bannière à jamais nationale, la France se replace majestueusement dans le rang que la nature et sa puissance réelle lui ont assigné ; sa prospérité renaissante , la considération que l'étranger lui montre sont le résultat d'un Gouvernement fort et généreux qui , débarrassé déjà de quelques entraves , fera bientôt disparaître tout ce qui pourrait nuire à la marche progressive des institutions nationales et de l'amélioration de la fortune publique. Guidé par le génie du législateur suprême , ce gouvernement , entouré de la confiance publique , parcourt noblement sa carrière , et repousse avec

énergie tout ce qui pourrait retarder la
marche des intérêts nationaux, et cependant les conseils du prince ne sont pas
présidés par le père d'Attala, par le législateur mélancolique des montagnes bleues!
Chose plus étrange encore ! la dot de
Suzette n'a pu porter son auteur au ministère de l'intérieur !

Ce gouvernement a eu le noble courage
de donner à la nation française le gage le
plus honorable de la loyauté de son législateur en rendant à ce peuple, si mal jugé
quelquefois, le libre choix de ses mandataires, et ce peuple reconnaissant n'a
pas voulu être représenté par des hommes
dont les noms le fatiguaient d'un importune célébrité !

Cette disposition des esprits prouve que
la nation française, rendue à la noblesse

de caractère qui la distingue si éminemment parmi les peuples civilisés , abjurant des erreurs trop chèrement expiées , ne reconnaît plus d'opinion que celle qui, confondant le Prince dans les intérêts nationaux , forme le faisceau auquel son existence est désormais attachée, et donne pour ralliement au peuple français le nom auguste et immortel du Père de la patrie , et l'éternelle inviolabilité de la Charte.

F I N.